RELATION
DU PASSAGE
DU ROY
DANS LA GÉNÉRALITÉ
DE SOISSONS,

Les 26, 27, 28 & 29 Juillet 1744.

Menant un Corps de Troupes de son
Armée de Flandres à celle du Rhin.

A SOISSONS,

Chez la Veuve de CHARLES COURTOIS, Imprimeur
du Roy, ruë des Rats, près l'Election.

M. DCC. XLIV.

RELATION
DU PASSAGE
DU ROY
DANS LA GENERALITÉ
DE SOISSONS.

E ROY qui étoit parti dans ſes caroſſes de la Ville de Saint Quentin le vingt-ſix Juillet ſur les ſept heures du matin, entra dans la Généralité de Soiſſons au Village d'Urvillers, & monta à cheval avec toute ſa Cour près de Vendeüil à deux lieuës de la Fere. Les décharges de douze piéces de Canon placées au Poligone, annoncerent vers les onze heures l'arrivée de Sa Majeſté ; le ſieur Fouquet, Maire, à la tête du Corps de Ville, eut l'honneur de haranguer le Roy à la Porte Saint Firmin, en lui préſentant les clefs de la Ville. Cette porte étoit ornée d'un magnifique Arc de Triomphe, le Dieu Mars ſur l'un des pilaſtres entourré de tousles attributs de la Guerre, paroiſſoit raſ-

fembler autour de lui fes Drapeaux & fes Etendarts, pour
les offrir à la Victoire, que l'on voyoit fur l'autre pilaftre
répandre les marques honorables des récompenfes mili-
taires. Le frontifpice repréfentoit une Forge de Vul-
cain, où les Cyclopes paroiffoient occupés aux dif-
férens travaux d'Artillerie, pour les Conquêtes du Roy;
au bas on lifoit ces mots :

MINISTRAT FULMINA REGI.

Le Dieu qui forge le Tonnerre,
GRAND ROY, le remet en tes mains ;
Tonne, frappe, & qu'enfin la Terre
Apprenne à refpecter tes glorieux deftins.

Cet Emblême convenoit particulierement à la Ville
de la Fere, où l'on voit un magnifique Arcenal, un Moulin à poudre, un Corps de Cazernes auffi remarquable
par fa grandeur & fa beauté, que par le zele des Habitans qui l'ont fait conftruire, & où eft établie une des
cinq Ecoles d'Artillerie.

Plufieurs Compagnies de la Bourgeoifie fous les armes,
contenoient le Peuple immenfe qui s'étoit rendu de tous
les environs dans cette Ville, & bordoient les ruës fablées
par lefquelles le Roy paffa au milieu des acclamations
pour fe rendre à l'Arcenal, où fon logement avoit été
préparé. Sa Majefté y étant arrivée, M. Meliand, Intendant de la Province, eut l'honneur de lui préfenter une
Carte de la Généralité imprimée fur du Satin. Le Roy dîna
fur les deux heures en public avec les Princes & les Seigneurs de fa Cour, & tous les autres Officiers de fa fuite
trouverent chez M. l'Intendant des Tables très-bien fer-
vies.

Sur les fept heures le Roy fe rendit au Moulin à Scie :

Sa Majefté vit fcier devant Elle un fort gros arbre, & fe fit expliquer la conftruction & l'operation de cette induftrieufe machine.

La joye publique fut marquée le foir par des illuminations de toutes efpeces, principalement à la façade de l'Hôtel de Ville & des Cazernes : la régularité des lampions placés fur plus de trois cens cinquante croifées, fit paroître dans toute fa magnificence ce fuperbe Bâtiment.

La pofition du Logement de Sa Majefté, entouré de tous les magafins de l'Arcenal, ne permettant pas d'y tirer un feu d'artifice, le Frere Philbert, Capucin, connu par fon génie pour les Mathématiques, fit jouer fur la grille d'entrée differens feux legers, qui fans s'élever, formerent un fpectacle d'un goût nouveau.

Le lendemain, vingt-fept, M. l'Intendant ayant eu l'honneur de rendre compte au Roy du zele avec lequel plufieurs Villages voifins avoient travaillé la nuit pour rendre praticable le chemin de Saint Gobin, à une lieuë & demie de la Fere, en élargiffant la route dans la Forêt, & en élaguant les arbres, Sa Majefté fe détermina à aller voir la belle Manufacture des Glaces qui y eft établie ; Elle partit à fix heures à cheval, après avoir entendu la Meffe aux Capucins, dont le Gardien eut l'honneur de complimenter Sa Majefté.

La Porte Notre-Dame par laquelle le Roy fortit de la Fere, étoit ornée d'un Arc de Triomphe fur lequel étoient repréfentés des Baftions & des Tours renverfées & embrafées par l'effet des Canons, des Mortiers & des Bombes ; ces Trophées étoient furmontés par une Victoire volant dans les airs, tenant d'une main fa Trompette, & de l'autre un Faiffeau de Lauriers ; on lifoit au bas ces mots :

AD NOVA LAUREA.

Grand Roy, dont l'intrépide zele
Vole au secours de tes Guerriers ;
Suis la Victoire qui t'apelle,
Et cours à de nouveaux Lauriers.

Le Roi en arrivant à Saint Gobin trouva toute l'opération préparée, elle réussit très-bien ; les Inspecteurs de la Manufacture firent couler deux Glaces de la moyenne grandeur & une de la premiere : Sa Majesté admira la promptitude de l'exécution, Elle se fit rendre compte dans le plus grand détail de la préparation des matieres, de la disposition des fourneaux, & ne laissa rien échaper à sa pénétration & à son goût ; le Roy vit aussi souffler differentes piéces de verrerie, & visita tous les magazins ; il remonta ensuite à cheval, & revint par le même chemin au bout de la chaussée de la Fere, où s'étoient renduës les Compagnies de la Bourgeoisie. Sa Majesté remonta dans ses Carosses au bruit d'une triple salve de Canon, & prit le chemin de Laon.

Les marques de la joye la plus vive l'accompagnerent successivement ; les Villages étoient tapissés de verdure ; des feüillages formoient partout des Arcs de Triomphe ; des Fêtes champêtres marquoient l'allegresse publique ; les travaux faits sur les chemins étoient de sûrs témoins du zele des Habitans des Campagnes, qui courant sans cesse pour revoir le Roy après l'avoir déja vû, paroissoient frappés d'admiration & de respect. Sa Majesté laissa partout des marques de sa générosité & de son amour pour ses Peuples.

A deux lieües de Laon le Roy remonta à cheval, malgré la chaleur & la poussiere, & entra dans cette Ville sur les deux heures au bruit du Canon. M. le Duc de

Gefvres, Gouverneur de l'Ifle de France & de la Ville de Laon , accompagné d'un nombreux cortege & des Officiers de Ville , reçut le Roy à la porte de Luffeau, au haut de la montagne de Vaux qui avoit été fablée, ainfi que le Fauxbourg & les ruës de la Ville par où le Roy devoit paffer ; M. Marquette de Pommery , Maire de la Ville , eut l'honneur d'haranguer Sa Majefté , en lui préfentant les clefs.

On avoit élevé à la Porte Luffeau un Arc de Triomphe, d'Ordre Dorique, de trente-quatre pieds de haut fur vingt-neuf de large ; les ornemens rehauffés d'or fur des fonds de marbre de differentes couleurs, répondoient au fujet du voyage de Sa Majefté. La Déeffe Bellone placée fur le fommet d'un Trophée de guerre, fembloit montrer au Roy le chemin de l'Allemagne ; la Paix de l'autre côté lui préfentoit une couronne d'Olivier, comme le but de fes defirs ; le fecond Ordre d'Architecture portoit dans le milieu cette Infcription en lettres d'or :

LUDOVICO DECIMO QUINTO,

REGI INVICTISSIMO,

Hoftium terrori,

AD PACEM

Per arma properanti

Cives Laudunæi

D. V. C.

Anno falutis M. DCC. XLIV.

Entre la Corniche & l'Architrave étoit un Cartouche qui portoit les Armes de la Ville de Laon , au bas defquelles on lifoit ces mots qui faifoient allufion, & à la hauteur de la Montagne fur laquelle elle eft fituée, & à l'amour de fes Habitans pour leur Roy.

EST QUOQUE SUMMUS AMOR.

Ce Mont élevé jufqu'aux Cieux,
De notre amour eft l'image fidelle
Par fa hauteur remarquable à tes yeux,
Comme nos cœurs par notre zele.

Six Compagnies de la Bourgeoifie de cent hommes chacune bordoient les ruës qui étoient tapiffées & ornées de Médaillons fans nombre, où l'on avoit écrit ces mots : VIVE LE ROY, qui retentiffoient partout.

Sa Majefté defcendit de cheval devant le Portail de la Cathédrale ; M. deRochechoüart, Evêque & Duc de Laon, en Habits Pontificaux à la tête de fon Chapitre, harangua Sa Majefté avec une éloquence digne du grand Roy auquel il préfentoit les vœux de l'Eglife ; après les prieres ordinaires le Roy paffa de la Cathedrale dans le Palais Epifcopal qui lui avoit été préparé ; le Corps de Ville fut admis à préfenter à Sa Majefté le vin de préfent ; le Chapitre eut auffi l'honneur l'après-diné de lui offrir le pain & le vin ; & M. Portes, Chanoine de cette Eglife, préfenté par M. le Duc de Gefvres, lui offrit la Traduction qu'il avoit faite en vers François, du Pfeaume *Exaudiat*, à l'occafion du voyage de Sa Majefté.

Sur les quatre heures le Roy dîna en public avec les Princes & les Seigneurs de fa Cour ; M. l'Evêque Duc de Laon fut du nombre : Ce Prélat & M. l'Intendant avoient fait préparer des Tables fort abondantes pour toute la fuite de Sa Majefté.

La journée fe paffa en Fêtes & en rejoüiffances de toute efpece ; les Fontaines de vin coulerent le foir à l'Hôtel de Ville, chez M. le Gouverneur & chez M. l'Intendant ; les illuminations les plus variées durerent jufqu'au jour.

La joye des Habitans de voir leur Roy féjourner chez
, eux

Feu d'Artifice tiré devant LE ROY à son passage à Laon.

eux le lendemain vingt-huit, fut encore augmentée par
la nouvelle que le Lord Tirconel apporta le matin de la
prife du Château & des Retranchemens de Mont-Dauphin
en Piedmont ; chacun parut s'intereffer perfonnellement
au récit de la valeur des troupes du Roy, & du courage
plein de fageffe de Monfeigneur le Prince de Conty. On
fit ajoûter fur le champ pour célébrer cet heureux éve-
nement, un nouvel Emblême à la décoration du Feu
d'Artifice que la Ville avoit préparé, & que Sa Majefté
voulut bien allumer le foir fur les neuf heures.

Ce feu repréfentoit le Temple de la Victoire ; il étoit
d'Ordre Dorique, de vingt-deux pieds de largeur en quar-
ré, fur quatorze de hauteur . au-deffus de la Corniche étoit
une Gallerie à jour, garnie aux quatre coins de Guerites
en forme de Tours ; fur le milieu de la Plate - Forme
s'élevoit une Pyramide peinte en bleu, avec des Fleurs
de Lys d'or, de vingt-fix pieds de haut, non compris le
Globe qui terminoit la Pyramide ; une Allée de lumie-
res, ornée de Luftres, regnoit de côté depuis le Palais
Epifcopal où étoit le Roy, jufqu'au Feu : les quatre fa-
ces de cet Edifice étoient chargées de differens ornemens
convenables au fujet des Emblêmes qu'on y avoit placés ; le premier du côté du Roy, repréfentoit un Soleil
levant avec ces mots du Pfeaume :

EXULTAVIT UT GIGAS. PREMIER EMBLESME.

Ainfi qu'un fuperbe Géant
Il s'avance dans fa carriere ;
Frapés de fa vive lumiere
Les aftres de la nuit rentrent dans le néant.

On voyoit à la feconde face du Feu une Maffuë avec
ces mots :

B

SECOND
EMBLESME.

TOT ICTUS, TOT TRIUMPHI.

Tremblez, ennemis de la FRANCE,
LOUIS marche vers vous, quel fera votre apui ?
Autant de coups frappés dans fa jufte vengeance,
Autant de Triomphes pour lui.

Trois Trophées d'Armes marquoient à la troifiéme face
du Feu, la Conquête des trois Villes, Menin, Ypres,
Furnes ; au bas étoient ces mots :

TROISIEME
EMBLESME.

SURGENT ALTERA RHENO.

Du Monarque François rien n'égale la gloire ;
Vous l'avez éprouvé, FURNES, YPRES, MENIN;
Par de nouveaux Exploits il vole à la Victoire
Qui pour le couronner l'attend aux bords du Rhin.

Sur la quatriéme face du Feu on avoit repréfenté le
Rhin appuyé fur fon Urne, & regardant des Lys qu'il
arrofoit de fes eaux, avec ces mots :

QUATRIEME
EMBLESME.

RIGATA HOC FLUMINE
CRESCENT.

Vous qui naiffez en tous les lieux du monde,
Croiffez, Lys immortels, embelliffez mes bords,
Et vous verrez bien-tot mon onde
Augmenter votre éclat par de nouveaux efforts.

Au milieu de la premiere face du Feu, du côté du
Roy, on avoit ajoûté depuis l'arrivée du Lord Tirconel
un Médaillon furmonté d'une couronne Royale ; on y
avoit peint des Forts, des Remparts, des Retranchemens,

des Montagnes inacceſſibles ſur leſquelles étoient arborés des Drapeaux & des Etendarts aux Armes de France ; ces mots étoient écrits autour du Médaillon :

HIS SCANDIT GALLICA VIRTUS.

Quels Mortels ou quels Dieux ſur ce Rocher terrible
Ont porté, LOUIS, tes Drapeaux ?
Tu ſçais de tes Soldats faire autant de Heros,
Et pour Toi leur valeur ne voit rien d'impoſſible.

Ce Feu tiré par le Sieur Caplet, Artificier ordinaire de la Ville de Soiſſons, fut très-bien exécuté, & dura plus d'une demie heure ; toute la Ville fut encore plus magnifiquement illuminée cette nuit ; les Fontaines de vin coulerent avec abondance, & les Compagnies de la Bourgeoiſie qui reſterent ſous les armes pendant tout le ſéjour du Roy, empêcherent qu'il n'arrivât aucun déſordre.

Le lendemain vingt-neuf, le Roy partit dans ſes ca-roſſes ſur les ſix heures du matin, après avoir entendu la Meſſe dans la Chapelle de l'Evêché ; on avoit élevé au-dedans de la Porte Luſſeau par laquelle Sa Majeſté ſortit de la Ville, un ſecond Arc de Triomphe d'Ordre Toſcan, de trente-deux pieds de haut, ſur vingt-deux de large ; ſur la plainte de Marbre noir étoit écrite en lettres d'or cette Inſcription.

LAUDUNENSIUM AMOR ET VOTA.

Les Baſes, les Chapitaux, les Agraphes de tout l'Ouvrage étoient en or, ainſi que le Soleil environné de ſes rayons que l'on voyoit dans l'Attique avec ces mots:

UBIQUE PRÆSENS.

LOUIS en tous lieux eſt préſent,
Sur nous tous ſes bontés s'étendent ;
Ainſi de l'Aſtre bienfaiſant
Les rayons partout ſe répandent.

M. le Duc de Geſvres & les Officiers du Corps de Ville étoient à la porte au paſſage du Roy. Sa Majeſté trouva dans ſa route les mêmes marques de vénération & d'amour, & les mêmes preuves de l'activité de ſes Sujets ſur les chemins ; on avoit formé des Allées d'arbres dans les Villages de Feſtieu & de Corbeni Saint Marcou, où les Habitans avoient raſſemblé tout ce que le goût champêtre peut fournir d'ornemens. A ſix lieuës de Laon le Roy paſſa en caroſſe la riviere d'Aiſne à Berry au Bac ſur le Pont que M. l'Intendant avoit eû ordre d'y faire élever. Ce Pont établi ſur ſix grands Bateaux avoit trente-trois toiſes de long ſur vingt-quatre pieds de large. Il étoit ſablé & bordé de baluſtrades ; d'abord que le Roy l'eut paſſé, il deſcendit de caroſſe pour monter à cheval avec toute ſa Cour ; & M. Meliand ſe trouvant ſur les limites de la Généralité de Soiſſons , eut l'honneur de prendre congé de Sa Majeſté.

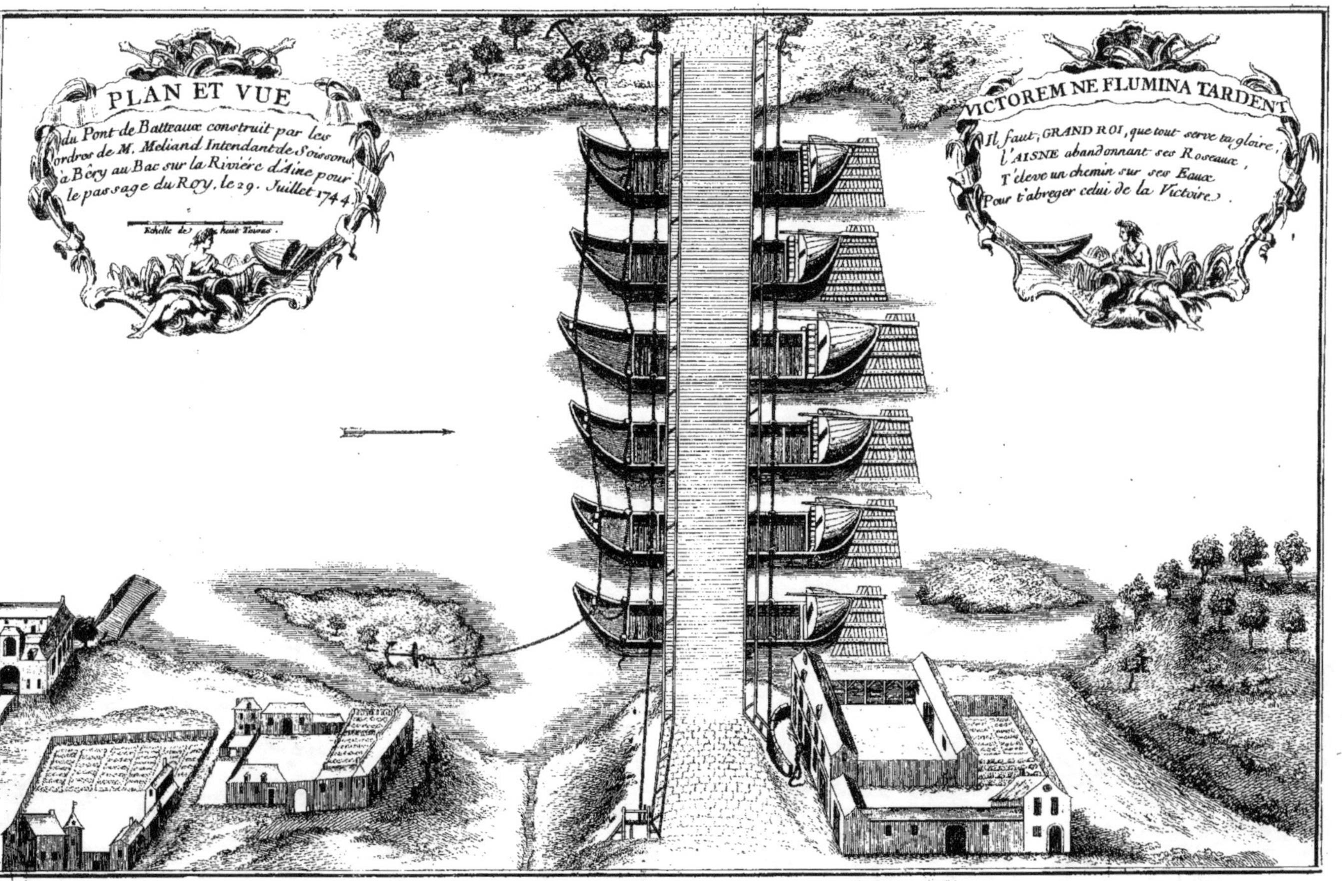

PLAN ET VUE
du Pont de Batteaux construit par les
ordres de M. Meliand Intendant de Soissons
à Bery au Bac sur la Rivière d'Aine pour
le passage du ROY, le 29. Juillet 1744.
Echelle de huit Toises.
VICTOREM NE FLUMINA TARDENT
Il faut, GRAND ROI, que tout serve ta gloire,
L'AISNE abandonnant ses Roseaux,
T'eleve un chemin sur ses Eaux,
Pour t'abreger celui de la Victoire.